The Life of

Prophet Idris AS (Enoch)

Bilingual Version English Germany

Ultimate

by

Jannah An-Nur Foundation

Ibn Kathir

2020

THE LIFE OF PROPHET IDRIS AS (ENOCH) BILINGUAL VERSION ENGLISH GERMANY ULTIMATE

First edition. May 1, 2020.

Copyright © 2020 Jannah An-Nur Foundation and Ibn Kathir.

Written by Jannah An-Nur Foundation and Ibn Kathir.

Prologue

───

The Life of Prophet Idris AS (Enoch) Bilingual Edition In English & Germany Languange Based From The Holy Quran and Al-Hadith Ultimate Version.

Allah SWT (God) says in The Holy Qur'an:

"And mention Idris in the Book, surely he was a truthful man, a Prophet. And We raised him high in heaven. (The Holy Quran 19:57-58)

From authentic books, it is narrated from Wahab that Prophet Idris AS (Enoch) was a well-built man with a broad chest. He had less hair on his body and more on his head. His one ear was bigger than the other. He had scanty hair on his chest and spoke in a low voice. While walking his feet used to come close to one another. He is known as Idris because he used to teach about the magnanimity of Allah SWT (God) and the excellence of Islam. He pondered about the majesty, grandiose and glory of Allah SWT (God), that the sky, the earth, the sun, the moon, the stars and clouds and all other creations have a creator who by His power has created them, formed and arranged them.

Allah SWT (Gott) sagt im Heiligen Koran:

"Und erwähnt Idris im Buch , er war sicherlich ein wahrhaftiger Mann, ein Prophet. Und Wir haben ihn hoch in den Himmel erhoben. (Koran 19:57-58)

Aus authentischen Büchern wird von Wahab erzählt, dass der Prophet Idris AS (Henoch) ein gut gebauter Mann mit einer breiten Brust war. Er hatte weniger Haare am Körper und mehr auf dem Kopf. Sein eines Ohr war größer als das andere. Er hatte spärliche Haare auf der Brust und sprach mit tiefer Stimme. Während des Gehens kamen seine Füße einander immer näher.

Er ist als Idris bekannt, weil er über den Großmut Allahs SWT (Gott) und die Vortrefflichkeit des Islam zu lehren pflegte. Er dachte über die Majestät, Großartigkeit und Herrlichkeit Allahs SWT (Gott) nach, dass der Himmel, die Erde, die Sonne, der Mond, die Sterne und Wolken und alle anderen Schöpfungen einen Schöpfer haben, der sie durch Seine Macht geschaffen, geformt und angeordnet hat.

The life of Prophet Idris AS (Enoch) English Version

———

Allah SWT (God) says in The Holy Qur'an:

"And mention Idris in the Book, surely he was a truthful man, a Prophet. And We raised him high in heaven. (The Holy Quran 19:57-58)

From authentic books, it is narrated from Wahab that Prophet Idris AS (Enoch) was a well-built man with a broad chest. He had less hair on his body and more on his head. His one ear was bigger than the other. He had scanty hair on his chest and spoke in a low voice. While walking his feet used to come close to one another. He is known as Idris because he used to teach about the magnanimity of Allah SWT (God) and the excellence of Islam. He pondered about the majesty, grandiose and glory of Allah SWT (God), that the sky, the earth, the sun, the moon, the stars and clouds and all other creations have a creator who by His power has created them, formed and arranged them.

Guilty is the one who does not worship Him Who has the right to be worshipped. With this in mind, he formed a private conference among his nation and advised, them remember Allah. He also warned them about His chastisement. He invited them towards His worship. Due to this propagation, the people started to join him. At first, they numbered seven, then reached seventy, then seven hundred, then one thousand people became his followers. Then he (Idris) said to them, "Let us select a hundred pious people." So from the one thousand, seventy were selected, then from the seventy, ten were selected and from the ten, seven people were finally chosen.

Then he said, "Come, let the seven of us pray and all the others shall say 'Amen'. Perhaps our Creator may guide us due to our prayers." They placed their hands on the earth and prayed, but nothing happened. They raised their hands towards the sky and prayed. Allah revealed upon Idris and selected him as His Messenger. Allah guided him and his companions towards His Worship. So they were involved in the worship of Allah and did not associate with anyone so much so that Allah raised Idris to heaven. Except for a few, most of those who had believed in Idris deviated and there were disputes and differences among them. Nuh was appointed over them.

According to a hadith from Abu-Dharr, it is narrated that thirty books were revealed on Idris and other traditions state that he was the first person who had initiated writing with a pen. He also used to stitch clothes and wear them. Before this, the people used to cover their private parts with leaves. Idris used to stitch clothes and worship and praise Allah.

From reliable traditions it is narrated from Imam Ja'far as-Sadiq that Masjid as-Sahlah was the residence of Idris where he used to stitch clothes and worship Allah. Allah fulfills the desire of one who supplicates at that place and will elevate his status on the Day of Judgment as it was the place of Idris.

It is narrated from Imam Ja'far as-Sadiq that at the early part of the Prophethood of Idris there lived a tyrant king. Once when he went out for a stroll and passed through a land rich in greenery, which belonged to a pious believer. This believer had abandoned all false religions and was disgusted with transgressors. He kept aloof from them. The king liked that piece of land for himself, so he inquired from his vizier regarding its owner it. The vizier replied that it belonged to a certain believer from their kingdom. The king called the believer and said that he wanted his piece of land. The believer replied that his family needed the plot of land more than the king. The king asked him to sell it to him but the believer was adamant which the angry and his facial expressions changed. In that very condition, he returned to his kingdom. The king had a wife from Iraq (Barak) whom he loved very much and whom he consulted frequently. On reaching his kingdom, he called her. She saw that he was in a very angry mood and inquired as to what had aroused his temper. He narrated the incident of the believer's land.

She replied that only he gets angry who does not have the power to take revenge. "If you don't want to execute or behead him without any excuse then I will show you a way to kill him by which the land will be yours and even his family members will not blame you for his death." The king asked her what plan she had in mind. She replied that one of her group (from Azarak) will be sent to arrest him and he would testify that the person has turned away from the king's religion. "In this way you can kill him and seize his land." The king agreed to her suggestion. So groups from Iraq, who followed the queen's religion and who considered lawful the slaughtering of a believer were called. They testified before the king that that man had turned away from the state religion. On hearing this, the king ordered his execution and captured his land.

Allah was angry at the believer's murder and He revealed to Idris to go and tell the tyrant ruler, "Was he not content with killing the believer that he also usurped his land impoverishing family? I swear by My majesty and power that I will avenge his murder in the Resurrection Day and in this world, I will abolish your rulership. I will change your honor and status into humiliation and disgrace. And dogs will devour the flesh of your wife. Has My tolerance and endurance, which was supposed test you, made you arrogant?"

Idris addressed the king, "O tyrant ruler! I am the messenger of Allah!" and then narrated to him the divine message. The king ordered Idris to leave his court and warned him that he would not be able to save himself. The king told his wife about his discussion with Idris. She said, "Do not to fear the Messengership of Idris's God. I will send someone to kill Idris so that the messengership of his God is nullified." The king agreed to her suggestion and gave his consent.

Among the friends of Idris there were some who used to attend the royal court. Idris had informed them of the revelation to him and of his conveying the message to the king. They were fearful that Idris would be killed. The queen sent forty Iraqi men to kill Idris. They reached the place where Idris used to sit with his companions but did not find him there, so they returned. When his friends saw that they had come to kill Idris they dispersed and then met Idris. They informed him that forty men had come to kill him, so he should be cautious.

Idris prayed to Allah, "O my Sustainer! You sent me to that tyrant to deliver Your message to him. He threatened me and is after my blood. Allah revealed to Idris to keep away from the king. "I swear by My honor that I will enforce My law on him and prove your word and My messengership to be true." Idris said, "O my Nourisher, I have a wish." Allah said, "Ask me and I shall fulfill it." Idris said, "Till such time as I allow, there should be no rains." Allah said, "The country will be ruined and people will starve to death." Idris said, "Whatever may happen, this is my wish." Allah replied, "All right. I accept it, and until the time you pray I will not send rain. I am the most truthful to My promise." Hearing this Idris briefed his companions about his discussion with Allah and said, "O my friends leave this country and go to some other place." There were twenty of them and they spread out to different areas. The people came to know about the prayers of Idris.

Idris himself sought refuge on a hill. Allah appointed an Angel who used to bring food to him every evening. Idris fasted during the day and broke his fast in the evening when the Angel brought food to him. Allah destroyed the kingdom of the tyrant king. The king was killed, his kingdom destroyed and the flesh of his wife was eaten by dogs due to their transgression against a believer.

Another unjust tyrant oppressor occupied the throne. Twenty years passed without a drop of rain. The people were in severe hardships and difficulties and their condition deteriorated. They used to bring food supplies from far off countries. When their condition turned from bad to worse they discussed among themselves that this calamity was due to the prayer of Idris who had asked Allah that until the time he allowed there should be no rains. "We are not aware of his whereabouts because he has concealed himself from us." They decided that as Allah is more Merciful than Idris prays to Him and repents so that it rains on their land and in the neighboring areas. So they wore coarse clothes and applied mud on their head and standing on the earth they wailed, cried and repented to Allah. Allah felt pity on them and revealed upon Idris that, "Your people are repenting, wailing and weeping and I am God the Beneficent and Merciful and the one who accepts repentance and forgive sins. I have mercy on them and wish to fulfill their desire for rains. I have no obstruction save that you had requested me not to send rains until you pray for it. Therefore, O Idris you pray to me that I may send rains for them."

Idris said, "O my Nourisher, I will not pray for rains." Allah once again revealed on Idris to pray for rains. Idris again refused. So Allah recalled the Angel who was appointed to bring food for Idris. When it was evening and the food did not arrive Idris became restless but waited patiently. The second day when again the food did not arrive his restlessness increased. On the third day he lost his patience and appealed to Allah, "O my Nourisher before taking my soul, you have discontinued my sustenance?" Allah revealed, "O Idris! You are complaining in three days but you are not concerned about your nation that has suffered for twenty years? I informed you that they were suffering, and I was merciful on them and I wished that you pray for rain so that I send rain. But you abstained from it, so I wanted you to know what hunger is and you lost your patience and complained. Now come out of the cave and search for your sustenance. I have left you on your own."

Hearing this Idris came down from the hill to procure food. When he came near the town he saw smoke coming out from a house. An old lady had made two chapattis and was roasting them on the fire. He requested her to give him something to eat, as he was very weak and restless due to hunger. She said that due to the curse of Idris, Allah has not given left them anything that they can feed anyone, and swore that except for the two chapattis there was nothing in the house. She told him to leave the city and go somewhere else for food. Idris requested that at least give me one chapatti so that I can save my life and can start walking. She said I have only these two chapattis, one for me and the other for my son. If I give you my chapatti, I will die and if I give you my child's he would die. I don't have anything else to give you."

Idris said, "Your son is young, half a chapatti will suffice him and half will help me to live." The woman ate her share and distributed the other one between Idris and her son. When the child saw Idris eating from his share of the chapatti, he started crying and was so disturbed that he died. The woman shouted out, "Stranger! you have killed my child." Idris said, "Do not fear, by the order of Allah I will make him alive." Saying this he kept his hands on the shoulder of the boy and said, "O soul who has left the body of this child, by the order of Allah return to his body again. I am Idris the Messenger of Allah." The boy was alive once more. The woman saw this and said, "I witness that you are Prophet Idris." And she ran out shouting, "O people! Congratulations to you and glad tidings that we will be relieved of our troubles and sufferings as Idris has returned to our city." Idris came out and reached the palace of the first tyrant king, which was on a hill. A group of people came and complained, "O Idris! In these twenty years, you did not have any mercy on us. We were involved in such difficulties and miseries and many of us starved to death. We request you now pray to Allah for rains." Idris replied, "I will not pray until the time this tyrant king and the people of your city come to me walking, barefoot and request me." When the king heard this, he sent forty people to kill Idris. When they reached near Idris, he cursed them and they all died. When the king heard this, he sent 500 people to arrest him. They came to Idris and said, "We have come to take you to the king." Idris replied, "Look at these forty men (who had come before you to take me); see how they are lying dead. If you all do not go back you too will meet the same fate."

They said, "O Idris, you have involved us in hunger for twenty years and now you are cursing us. Is there no mercy in your heart?" Idris replied, "I will not go to that tyrant nor will I pray for the rains until that tyrant and all the people don't come to me walking barefoot." Hearing this, the people returned to the king and repeated the statement of Idris. So the King together with the people came to Idris and all stood helplessly before him and requested him to pray for rain. Idris prayed. That very same moment clouds gathered in the sky, there was thunder and lightening and it started raining. It rained so much that they feared they would drown. Finally, they all returned home.

It is related from Imam Ja'far as-Sadiq that an angel was under the wrath of Allah and his hair and wings were cut off and he was lying on an island for a long time. When Allah appointed Idris, that angel came to Idris and requested him to pray from him so that Allah may be pleased with him and return his hair and wings. Prophet Idris prayed for him and Allah restored his hair and wings. The angel asked Idris, "Do you wish anything from me?" Idris said, "Yes, I wish that you take me up to the heavens so that I can see the Angel of Death. Because thinking of him I cannot live without fear. The angel took the Prophet to the 4th heaven on his wings. There he saw the Angel of Death sitting, moving his head in a peculiar way. Idris saluted him and asked him the cause for turning his head in that manner. The Angel of Death replied, "Allah has ordered me to take your soul between the 4th and 5th heaven." Idris pleaded, "O Allah! How is it possible when the distance up to the 4th heaven is 500 years of travel and the distance between the 4th and 5th heaven is another 500 years of travel? "This is the distance between one heaven and another." saying this, the Angel of Death took away his soul. These are the words of Allah, which means

"And we raised him high in heaven" (19:57)

Imam as-Sadiq narrates that he is known as Idris because he used to give excessive teachings from the book of Allah.

In a tradition from Amir al-Mu'minin it is narrated that after the death of Idris Allah raised him to an elevated position and sustained him with the bounties of heaven.

In a reliable tradition, it is narrated by Imam Muhammad al-Baqir that the Holy Prophet said, "An angel was very near to Allah. Due to some laxity or laziness, Allah sent him down to earth. He came to Idris and requested him to intercede with Allah on his behalf. Idris agreed and fasted for three days without breaking the fast and spent three nights in worship due to which he was exhausted and weak. Then he prayed to Allah and interceded for this angel. Allah gave the permission to that angel to ascend to the skies. At that time that angel said, "I wish that you would ask from me something in return." Idris said, "I wish to meet the Angel of Death so that I can befriend him, because due to his remembrance no bounty is worth rejoicing." The angel seated him on his wings and took him up to the 1st heaven. Then he took him higher until they reached between the 4th and the 5th skies where he met the Angel of Death. They saw the Angel of Death weeping and asked him the reason of his grief. The Angel of Death replied, "Just now when I was beneath the skies there was an order from Allah to take the soul of Idris between the 4th and 5th heaven." When Idris heard this he fell down from the wings of the angel and immediately his soul was taken away. As Allah says, "We have mentioned in the Book."

In another tradition it is narrated from 'Abdullah Ibn Suhas that Idris used to travel from city to city and used to fast. When it was night, he used to halt and he was provided his sustenance at that very place. The angels used to take his good deeds to the skies like other people's deeds. The Angel of Death wished to meet Idris and after getting permission he came to Idris and said, "I wish to be in your company." Idris agreed. They became friends and were together for a long time. He would fast during the day and at night when he used to get sustenance, he used to eat. He used to invite the Angel of Death to eat with him but he said, "I don't require food," and remained busy in prayers. Idris used to sleep due to fatigue but the Angel of Death was neither lazy nor tired; neither did he sleep. In this manner some days passed until one day they passed by an orchard. The grapes were ripe. The Angel of Death asked Idris whether they should take some of the grapes and break their fast. Idris replied, "Glory be to Allah, I invited you to eat from my share of sustenance and you refused. You are now inviting me to eat other people's grapes without their permission. You have recompensed my companionship in a nice way. Tell me who are you?" He replied, "I am the Angel of Death." Idris said, "I have one request from you." The Angel of Death asked him what it was. Idris said, "I wish you to take me up to the skies." The Angel of Death took Allah's permission, seated him on his wings and took him up to the skies.

Prophet Idris AS (Enoch) said, "I have one more desire. I have heard that death is very difficult so I wish to taste it so as to verify that it tastes as I have heard it." The Angel of Death took Allah's permission. Then he held the breath of Idris for sometime then removed his hand and asked Idris how found it? Idris replied, "Very severe, more severe than what I have heard." Then Idris said, "I have one more desire. I want to see the fire of Hell." The Angel of Death ordered the keeper of Hell to open the door. When Idris saw it, he swooned. When he regained consciousness he said, "I have one more request. I would like to see heaven." The Angel of Death asked the permission of the keepers of Heaven and Idris entered it and said, "O Angel of Death now I will not come out of it. Allah has said every soul will have to taste death which I have tasted and Allah SWT (God) has said there is no one from you who will not come near Hell and I have seen it and about the heavens it is said that the people of heavens will remain in it forever."

The life of Prophet Idris AS (Enoch)
Germany Version

———

Allah SWT (Gott) sagt im Heiligen Koran:

"Und erwähne Idris im Buch, er war sicherlich ein wahrhaftiger Mann, ein Prophet. Und Wir haben ihn hoch in den Himmel erhoben. (Der Heilige Koran 19:57-58)

Aus authentischen Büchern wird von Wahab erzählt, dass der Prophet Idris AS (Henoch) ein gut gebauter Mann mit einer breiten Brust war. Er hatte weniger Haare am Körper und mehr auf dem Kopf. Sein eines Ohr war größer als das andere. Er hatte spärliche Haare auf der Brust und sprach mit tiefer Stimme. Während des Gehens kamen seine Füße einander immer näher. Er ist als Idris bekannt, weil er über den Großmut Allahs SWT (Gott) und die Vortrefflichkeit des Islam zu lehren pflegte. Er dachte über die Majestät, Großartigkeit und Herrlichkeit Allahs SWT (Gott) nach, dass der Himmel, die Erde, die Sonne, der Mond, die Sterne und Wolken und alle anderen Schöpfungen einen Schöpfer haben, der sie durch Seine Macht geschaffen, geformt und angeordnet hat.

Schuldig ist, wer den nicht anbetet, der das Recht hat, angebetet zu werden. In diesem Sinne bildete er eine private Konferenz unter seiner Nation und riet ihnen, Allahs zu gedenken. Er warnte sie auch vor Seiner Züchtigung. Er lud sie zu Seiner Anbetung ein. Aufgrund dieser Verbreitung begann das Volk, sich ihm anzuschließen. Zuerst waren es sieben, dann siebzig, dann siebenhundert, dann tausend Menschen, die ihm folgten. Dann sagte er (Idris) zu ihnen: "Lasst uns hundert fromme Menschen auswählen". So wurden von den eintausend siebzig ausgewählt, dann wurden von den siebzig zehn ausgewählt, und von den zehn wurden schließlich sieben Personen ausgewählt.

Dann sagte er: "Kommt, lasst uns sieben beten und alle anderen werden 'Amen' sagen. Vielleicht kann unser Schöpfer uns durch unsere Gebete leiten." Sie legten ihre Hände auf die Erde und beteten, aber es geschah nichts. Sie hoben die Hände zum Himmel und beteten, aber es geschah nichts. Allah offenbarte über Idris und wählte ihn als Seinen Gesandten aus. Allah führte ihn und seine Gefährten zu Seiner Verehrung. So waren sie in die Anbetung Allahs einbezogen und verbündeten sich mit niemandem so sehr, dass Allah Idris in den Himmel erhob. Bis auf einige wenige sind die meisten, die an Idris geglaubt hatten, abgewichen, und es gab Streitigkeiten und Differenzen zwischen ihnen. Nuh wurde über sie ernannt.

Einem Hadith von Abu-Dharr zufolge wird erzählt, dass dreißig Bücher über Idris enthüllt wurden, und andere Überlieferungen besagen, dass er der erste Mensch war, der das Schreiben mit der Feder begonnen hatte. Er pflegte auch Kleider zu nähen und zu tragen. Davor pflegten die Menschen ihre Geschlechtsteile mit Blättern zu bedecken. Idris pflegte Kleider zu nähen und Allah zu verehren und zu loben.

Aus zuverlässigen Überlieferungen wird von Imam Ja'far as-Sadiq erzählt, dass Masjid as-Sahlah der Wohnsitz von Idris war, wo er Kleider nähte und Allah verehrte. Allah erfüllt den Wunsch dessen, der an diesem Ort fleht, und wird seinen Status am

Tag des Jüngsten Gerichts so erhöhen, wie es der Ort von Idris war.

Es wird von Imam Ja'far as-Sadiq erzählt, dass zu Beginn des Prophetentums von Idris ein Tyrannenkönig lebte. Einmal, als er einen Spaziergang machte und durch ein Land mit viel Grün ging, das einem frommen Gläubigen gehörte. Dieser Gläubige hatte alle falschen Religionen aufgegeben und ekelte sich vor Übeltätern. Er hielt sich von ihnen fern. Der König mochte dieses Stück Land für sich selbst, also erkundigte er sich bei seinem Wesir nach seinem Besitzer. Der Wesir antwortete, es gehöre einem bestimmten Gläubigen aus ihrem Königreich. Der König rief den Gläubigen an und sagte, dass er sein Stück Land haben wolle. Der Gläubige antwortete, dass seine Familie das Stück Land mehr brauche als der König. Der König bat ihn, es ihm zu verkaufen, aber der Gläubige blieb hartnäckig, was den Zorn und seinen Gesichtsausdruck veränderte. In genau diesem Zustand kehrte er in sein Königreich zurück. Der König hatte eine Frau aus dem Irak (Barak), die er sehr liebte und die er häufig konsultierte. Als er sein Königreich erreichte, rief er sie an. Sie sah, dass er in einer sehr zornigen Stimmung war, und erkundigte sich, was sein Temperament geweckt hatte. Er erzählte von dem Vorfall im Land des Gläubigen.

Sie antwortete, dass nur er wütend wird, der nicht die Macht hat, sich zu rächen. "Wenn ihr ihn nicht unentschuldigt hinrichten oder enthaupten wollt, werde ich euch einen Weg zeigen, wie ihr ihn töten könnt, damit das Land euch gehört und nicht einmal seine Familienmitglieder euch die Schuld an seinem Tod geben. Der König fragte sie, welchen Plan sie im Kopf habe. Sie antwortete, dass einer aus ihrer Gruppe (aus Azarak) geschickt wird, um ihn zu verhaften, und dass er bezeugen würde, dass sich die Person von der Religion des Königs abgewandt hat. "Auf diese Weise können Sie ihn töten und sein Land beschlagnahmen." Der König stimmte ihrem Vorschlag zu. So wurden Gruppen aus dem Irak gerufen, die der Religion der Königin folgten und die das Abschlachten eines Gläubigen für rechtmäßig hielten. Sie sagten vor dem König aus, dass dieser Mann sich von der Staatsreligion abgewandt habe. Als sie dies hörten, befahl der König seine Hinrichtung und nahm sein Land ein.

Allah war wütend über die Ermordung des Gläubigen, und Er offenbarte Idris, er solle hingehen und dem tyrannischen Herrscher sagen: "Begnügte er sich nicht damit, den Gläubigen zu töten, dass er auch seine Familie, die das Land verarmte, usurpiert hatte? Ich schwöre bei meiner Majestät und Macht, dass ich seine Ermordung am Tag der Auferstehung rächen werde, und in dieser Welt werde ich Ihre Herrschaft abschaffen. Ich werde Ihre Ehre und Ihren Status in Demütigung und Schande verwandeln. Und Hunde werden das Fleisch Ihrer Frau fressen. Hat Meine Toleranz und Ausdauer, die Sie angeblich auf die Probe stellen sollten, Sie arrogant gemacht?

Idris wandte sich an den König: "O tyrannischer Herrscher! Ich bin der Gesandte Allahs" und übermittelte ihm dann die göttliche Botschaft. Der König befahl Idris, seinen Hof zu verlassen und warnte ihn, dass er sich nicht retten könne. Der König erzählte seiner Frau von seinem Gespräch mit Idris. Sie sagte: "Fürchten Sie sich nicht vor der Gesandtschaft des Gottes von Idris. Ich werde jemanden schicken, um Idris zu töten, damit die Gesandtschaft seines Gottes zunichte gemacht wird". Der König stimmte ihrem Vorschlag zu und gab seine Zustimmung.

Unter den Freunden von Idris befanden sich einige, die dem Königshof beiwohnten. Idris hatte sie von der Offenbarung an ihn und von seiner Übermittlung der Botschaft an den König informiert. Sie befürchteten, dass Idris getötet werden würde. Die Königin schickte vierzig irakische Männer, um Idris zu töten. Sie erreichten den Ort, an dem Idris gewöhnlich mit seinen Gefährten saß, fanden ihn dort aber nicht, so dass sie zurückkehrten. Als seine Freunde sahen, dass sie gekommen waren, um Idris zu töten, zerstreuten sie sich und trafen dann auf Idris. Sie teilten ihm mit, dass vierzig Männer gekommen seien, um ihn zu töten, er solle also vorsichtig sein.

Idris betete zu Allah: "O mein Erhalter! Du hast mich zu diesem Tyrannen gesandt, um ihm Deine Botschaft zu überbringen. Er hat mich bedroht und ist hinter meinem Blut her. Allah offenbarte Idris, er solle sich vom König fernhalten. "Ich schwöre bei meiner Ehre, dass ich ihm mein Gesetz auferlegen und beweisen werde, dass dein Wort und meine Gesandtschaft wahr sind." Idris sagte: "O mein Ernährer, ich habe einen Wunsch. Allah sagte: "Bittet mich, und ich werde es erfüllen". Idris sagte: "Solange ich es nicht erlaube, sollte es nicht regnen". Allah sagte: "Das Land wird ruiniert werden und die Menschen werden verhungern". Idris sagte: "Was auch immer geschehen mag, dies ist mein Wunsch. Allah antwortete: "In Ordnung. Ich akzeptiere es, und bis zu dem Zeitpunkt, an dem Sie beten, werde ich keinen Regen schicken. Ich halte mein Versprechen am ehrlichsten." Als er dies hörte, informierte Idris seine Gefährten über sein Gespräch mit Allah und sagte: "O meine Freunde, verlasst dieses Land und geht an einen anderen Ort. Es waren zwanzig von ihnen, und sie verteilten sich auf verschiedene Gebiete. Die Menschen erfuhren von den Gebeten von Idris.

Idris selbst suchte auf einem Hügel Zuflucht. Allah ernannte einen Engel, der ihm jeden Abend Essen brachte. Idris fastete tagsüber und brach sein Fasten am Abend, wenn der Engel ihm Essen brachte. Allah zerstörte das Königreich des Tyrannenkönigs. Der König wurde getötet, sein Königreich zerstört, und das Fleisch seiner Frau wurde von Hunden gefressen, weil sie gegen einen Gläubigen verstoßen hatten.

Ein weiterer ungerechter Tyrannenunterdrücker besetzte den Thron. Zwanzig Jahre vergingen ohne einen Tropfen Regen. Die Menschen befanden sich in schweren Nöten und Schwierigkeiten, und ihr Zustand verschlechterte sich. Sie brachten Nahrungsmittellieferungen aus weit entfernten Ländern. Als sich ihr Zustand verschlechterte, diskutierten sie untereinander, dass dieses Unglück auf das Gebet von Idris zurückzuführen sei, der Allah darum gebeten hatte, dass es bis zu der von ihm erlaubten Zeit nicht regnen dürfe. "Wir wissen nicht, wo er sich aufhält, weil er sich vor uns versteckt hat". Sie beschlossen, da Allah barmherziger ist als Idris, zu Ihm zu beten und Buße zu tun, damit es auf ihrem Land und in den angrenzenden Gebieten regnet. Deshalb trugen sie grobe Kleidung und trugen Schlamm auf ihren Kopf auf, und als sie auf der Erde standen, klagten, weinten und bereuten sie zu Allah. Allah hatte Mitleid mit ihnen und offenbarte Idris: "Dein Volk bereut, klagt und weint, und ich bin der barmherzige und barmherzige Gott und derjenige, der Buße annimmt und Sünden vergibt. Ich habe Erbarmen mit ihnen und möchte ihren Wunsch nach Regen erfüllen. Ich habe kein Hindernis, außer dass Sie mich gebeten hatten, keinen Regen zu schicken, bis Sie dafür beten. Deshalb, o Idris, bete du zu mir, dass ich Regen für sie schicken möge.

Idris sagte: "O mein Ernährer, ich werde nicht für Regen beten". Allah offenbarte erneut auf Idris, für Regen zu beten. Idris weigerte sich erneut. So erinnerte Allah an den Engel, der dazu bestimmt war, Essen für Idris zu bringen. Als es Abend war und das Essen nicht ankam, wurde Idris unruhig und wartete geduldig. Am zweiten Tag, als das Essen wieder nicht ankam, nahm seine Unruhe zu. Am dritten Tag verlor er die Geduld und appellierte an Allah: "O mein Ernährer, bevor du meine Seele nimmst, hast du meine Nahrung abgesetzt? Allah offenbarte: "O Idris! Du beklagst dich in drei Tagen, aber du machst dir keine Sorgen um dein Volk, das zwanzig Jahre lang gelitten hat? Ich teilte dir mit, dass sie leiden, und ich war barmherzig zu ihnen und wünschte, dass du um Regen betest, damit ich Regen sende. Aber Sie enthielten sich dessen, deshalb wollte ich, dass Sie wissen, was Hunger ist, und Sie verloren die Geduld und klagten. Kommt nun aus der Höhle heraus und sucht euren Lebensunterhalt. Ich habe dich allein gelassen."

Als er dies hörte, kam Idris vom Hügel herunter, um Lebensmittel zu beschaffen. Als er sich der Stadt näherte, sah er Rauch aus einem Haus aufsteigen. Eine alte Dame hatte zwei Chapattis gemacht und röstete sie auf dem Feuer. Er bat sie, ihm etwas zu essen zu geben, da er sehr schwach und durch den Hunger unruhig war. Sie sagte, aufgrund des Fluchs von Idris habe Allah ihnen nichts mehr gegeben, was sie jemandem zu essen geben könnten, und schwor, dass außer den beiden Chapattis nichts im Haus sei. Sie sagte ihm, er solle die Stadt verlassen und woanders nach Essen suchen. Idris bat darum, mir wenigstens ein Chapatti zu geben, damit ich mein Leben retten und mich auf den Weg machen kann. Sie sagte, ich habe nur diese beiden Chapattis, einen für mich und einen für meinen Sohn. Wenn ich Ihnen meine Chapatti gebe, werde ich sterben, und wenn ich Ihnen die meines Kindes gebe, würde er sterben. Ich habe nichts anderes, was ich Ihnen geben könnte."

Idris sagte: "Ihr Sohn ist jung, ein halbes Chapatti wird ihm genügen und die Hälfte wird mir helfen zu leben". Die Frau aß ihren Anteil und verteilte den anderen zwischen Idris und ihrem Sohn. Als das Kind sah, wie Idris von seinem Anteil an den Chapatti aß, begann es zu weinen und war so verstört, dass es starb. Die Frau schrie: "Fremder! Du hast mein Kind getötet." Idris sagte: "Fürchtet euch nicht, auf Allahs Befehl werde ich ihn lebendig machen". Mit diesen Worten hielt er seine Hände auf der Schulter des Jungen und sagte: "O Seele, die den Körper dieses Kindes verlassen hat, kehre auf Allahs Befehl wieder in seinen Körper zurück. Ich bin Idris, der Gesandte Allahs." Der Junge war wieder am Leben. Die Frau sah dies und sagte: "Ich bezeuge, dass du der Prophet Idris bist. Und sie rannte hinaus und rief: "O Leute! Herzlichen Glückwunsch und die frohe Botschaft, dass wir von unseren Mühen und Leiden erlöst sein werden, wenn Idris in unsere Stadt zurückgekehrt ist". Idris kam heraus und erreichte den Palast des ersten Tyrannenkönigs, der sich auf einem Hügel befand. Eine Gruppe von Leuten kam und beschwerte sich: "O Idris! In diesen zwanzig Jahren hattest du keine Gnade mit uns. Wir waren in solche Schwierigkeiten und Nöte verwickelt, und viele von uns verhungerten. Wir bitten dich jetzt, bete zu Allah um Regen". Idris antwortete: "Ich werde erst dann beten, wenn dieser Tyrann König und die Menschen in Ihrer Stadt barfuß zu mir kommen und mich bitten. Als der König dies hörte, schickte er vierzig Leute, um Idris zu töten. Als sie in die Nähe von Idris kamen, verfluchte er sie und sie starben alle. Als der König dies hörte, schickte er 500 Leute, um ihn zu verhaften. Sie kamen zu Idris und sagten: "Wir sind gekommen, um dich zum König zu bringen." Idris antwortete: "Sehen Sie sich diese vierzig Männer an (die vor Ihnen gekommen waren, um mich zu holen); sehen Sie, wie sie tot liegen. Wenn ihr alle nicht zurückkehrt, wird auch euch das gleiche Schicksal ereilen".

Sie sagten: "O Idris, du hast uns zwanzig Jahre lang in den Hunger hineingezogen, und jetzt verfluchst du uns. Gibt es keine Gnade in deinem Herzen?" Idris antwortete: "Ich werde weder zu diesem Tyrannen gehen, noch werde ich für den Regen beten, bis dieser Tyrann und all die Menschen nicht barfuss zu mir kommen". Als das Volk dies hörte, kehrte es zum König zurück und wiederholte die Erklärung von Idris. So kam der König zusammen mit dem Volk nach Idris, und alle standen hilflos vor ihm und baten ihn, für Regen zu beten. Idris betete. Im selben Moment zogen Wolken am Himmel auf, es donnerte und blitzte und es begann zu regnen. Es regnete so stark, dass sie befürchteten, sie würden ertrinken. Schließlich kehrten sie alle nach Hause zurück.

Von Imam Ja'far as-Sadiq wird berichtet, dass ein Engel unter dem Zorn Allahs stand und ihm Haare und Flügel abgeschnitten wurden und er lange Zeit auf einer Insel lag. Als Allah Idris ernannte, kam dieser Engel zu Idris und bat ihn, von ihm zu beten, damit Allah mit ihm zufrieden sei und ihm seine Haare und Flügel zurückgeben möge. Der Prophet Idris betete für ihn, und Allah gab ihm Haar und Flügel zurück. Der Engel fragte Idris:

"Wünschst du dir etwas von mir? Idris sagte: "Ja, ich wünsche, dass Sie mich in den Himmel bringen, damit ich den Todesengel sehen kann. Weil ich an ihn denke, kann ich nicht ohne Angst leben. Der Engel nahm den Propheten auf seinen Flügeln in den 4. Himmel mit. Dort sah er den Todesengel sitzen und bewegte seinen Kopf auf eigentümliche Weise. Idris grüßte ihn und fragte ihn nach dem Grund, warum er seinen Kopf auf diese Weise gedreht hatte. Der Todesengel antwortete: "Allah hat mir befohlen, deine Seele zwischen dem 4. und 5. Idris flehte: "Oh Allah! Wie ist es möglich, wenn die Entfernung bis zum 4. Himmel 500 Jahre Reisezeit beträgt und die Entfernung zwischen dem 4. und 5. Himmel weitere 500 Jahre Reisezeit? "Das ist die Entfernung zwischen einem Himmel und einem anderen", sagte der Todesengel und nahm ihm seine Seele weg. Dies sind die Worte Allahs, die bedeuten

"Und wir haben ihn hoch in den Himmel erhoben" (19:57)

Der Imam as-Sadiq erzählt, dass er als Idris bekannt ist, weil er exzessive Belehrungen aus dem Buch Allahs gab.

In einer Tradition von Amir al-Mu'minin wird erzählt, dass Allah ihn nach dem Tod von Idris al-Mu'minin in eine hohe Position erhoben und ihn mit den Gaben des Himmels unterstützt hat.

In einer zuverlässigen Tradition wird von Imam Muhammad al-Baqir erzählt, dass der Heilige Prophet sagte: "Ein Engel war Allah sehr nahe. Aufgrund einer gewissen Laschheit oder Faulheit schickte ihn Allah auf die Erde hinunter. Er kam zu Idris und bat ihn, bei Allah für ihn Fürsprache zu halten. Idris willigte ein und fastete drei Tage lang, ohne das Fasten zu brechen, und verbrachte drei Nächte im Gottesdienst, weshalb er erschöpft und schwach war. Dann betete er zu Allah und legte für diesen Engel Fürbitte ein. Allah gab diesem Engel die Erlaubnis, in den Himmel aufzusteigen. Damals sagte dieser Engel: "Ich wünsche mir, dass du von mir eine Gegenleistung dafür verlangst. Idris sagte: "Ich möchte dem Todesengel begegnen, damit ich mich mit ihm anfreunden kann, denn aufgrund seines Gedenkens ist kein Kopfgeld es wert, sich zu freuen. Der Engel setzte ihn auf seine Flügel und brachte ihn in den 1. Himmel. Dann führte er ihn höher, bis sie zwischen dem 4. und 5. Himmel erreichten, wo er den Todesengel traf. Sie sahen den Todesengel weinen und fragten ihn nach dem Grund seiner Trauer. Der Todesengel antwortete: "Gerade jetzt, als ich unter dem Himmel war, gab Allah den Befehl, die Seele von Idris zwischen dem 4. und 5. Als Idris dies hörte, fiel er von den Flügeln des Engels herab, und sofort wurde ihm seine Seele weggenommen. Wie Allah sagt: "Wir haben im Buch erwähnt".

In einer anderen Tradition wird von 'Abdullah Ibn Suhas' erzählt, dass Idris von Stadt zu Stadt reiste und zu fasten pflegte. Wenn es Nacht war, hielt er immer an und wurde an genau diesem Ort versorgt. Die Engel brachten seine guten Taten wie die Taten anderer Menschen in den Himmel. Der Todesengel wünschte, Idris zu treffen, und nachdem er die Erlaubnis erhalten hatte, kam er zu Idris und sagte: "Ich möchte in deiner Gesellschaft sein. Idris stimmte dem zu. Sie wurden Freunde und waren lange Zeit zusammen. Er fastete tagsüber und nachts, wenn er sich zu ernähren pflegte, aß er. Er lud immer den Todesengel ein, mit ihm zu essen, aber er sagte: "Ich brauche kein Essen", und blieb mit Gebeten beschäftigt. Idris schlief immer vor Müdigkeit, aber der Todesengel war weder faul noch müde; er schlief auch nicht. Auf diese Weise vergingen einige Tage, bis sie eines Tages an einem Obstgarten vorbeikamen. Die Trauben waren reif. Der Todesengel fragte Idris, ob sie einige der Trauben nehmen und das Fasten brechen sollten. Idris antwortete: "Ehre sei Allah, ich habe dich eingeladen, von meinem Anteil an Nahrung zu essen, und du hast abgelehnt. Jetzt lädst du mich ein, die Trauben anderer Menschen ohne ihre Erlaubnis zu essen. Sie haben meine Kameradschaft auf nette Weise belohnt. Sag mir, wer bist du?" Er antwortete: "Ich bin der Todesengel". Idris sagte: "Ich habe eine Bitte von Ihnen. Der Todesengel fragte ihn, was das sei. Idris sagte: "Ich wünsche, dass du mich in den Himmel führst." Der Todesengel nahm Allahs Erlaubnis an, setzte ihn auf seine Flügel und brachte ihn in den Himmel.

Der Prophet Idris AS (Henoch) sagte: "Ich habe noch einen Wunsch. Ich habe gehört, dass der Tod sehr schwierig ist, deshalb möchte ich ihn kosten, um zu überprüfen, ob er so schmeckt, wie ich ihn gehört habe. Der Todesengel nahm Allahs Erlaubnis an. Dann hielt er eine Zeitlang den Atem von Idris an, nahm dann seine Hand weg und fragte Idris, wie er sie gefunden hatte. Idris antwortete: "Sehr schwer, schlimmer als das, was ich gehört habe. Dann sagte Idris: "Ich habe noch einen Wunsch. Ich möchte das Feuer der Hölle sehen". Der Todesengel befahl dem Hüter der Hölle, die Tür zu öffnen. Als Idris es sah, fiel er in Ohnmacht. Als er wieder zu Bewusstsein kam, sagte er: "Ich habe noch eine Bitte. Ich möchte den Himmel sehen." Der Todesengel bat die Hüter des Himmels um Erlaubnis, und Idris betrat ihn und sagte: "O Todesengel, jetzt werde ich nicht mehr herauskommen. Allah hat gesagt, dass jede Seele den Tod schmeck-en muss, den ich geschmeckt habe, und Allah SWT (Gott) hat gesagt, dass es niemanden von euch gibt, der nicht in die Nähe der Hölle kommt, und ich habe sie gesehen, und über die Him-mel wird gesagt, dass die Menschen des Himmels für immer in ihr bleiben werden.

Lightning Source UK Ltd.
Milton Keynes UK
UKHW021312170520
363416UK00013B/452